开原市政协文史资料

开原丛书
KAIYUANCONGSHU

戴为众　高伟　编

开原老照片续

辽宁人民出版社

© 戴为众　高伟　2020

图书在版编目（CIP）数据

开原老照片续 / 戴为众，高伟编 . —沈阳：辽宁人民出版社，2020.8
ISBN 978-7-205-09911-4

Ⅰ . ①开… Ⅱ . ①戴… ②高… Ⅲ . ①开原—地方史—图集 Ⅳ .①K293.14-64

中国版本图书馆CIP数据核字（2020）第125321号

出版发行：辽宁人民出版社
　　　　　地址：沈阳市和平区十一纬路25号　邮编：110003
　　　　　电话：024-23284321（邮　购）　024-23284324（发行部）
　　　　　传真：024-23284191（发行部）　024-23284304（办公室）
　　　　　http://www.lnpph.com.cn
印　　刷：吉林省吉广国际广告股份有限公司
幅面尺寸：170mm×250mm
印　　张：20
字　　数：100千字
出版时间：2020年8月第1版
印刷时间：2020年8月第1次印刷
责任编辑：李翘楚
封面设计：丁末末
版式设计：姿　兰
责任校对：吴艳杰
书　　号：ISBN 978-7-205-09911-4

定　　价：120.00元

《开原丛书》编审委员会

《开原丛书》编委会

主　任：徐宝玉　市政协主席
副主任：尚玉梅　市政协副主席
　　　　王　烽　市政协秘书长、办公室主任
成　员：戴为众　市政协文化和文史资料委员会主任
　　　　张　鹏　市文联主席
　　　　苑学伟　市文化体育广播电视局局长
　　　　白文志　市政协经济和资源环境委员会主任
　　　　刘国臣　市教育局副局长
　　　　高一鹏　市档案和党史文献中心主任
　　　　于允杰　市政协文化和文史资料委员会科员
　　　　刘世业　市文化旅游和广播电视局副局长
　　　　荣玉书　市档案和党史文献中心办公室副主任
　　　　刘兴晔　市供销合作社联合社理事会工作人员

《开原丛书》总序

一方水土养一方人。开原是我们的最初的福地、人生的摇篮、共同的故乡。无论我们是远航还是归来，开原的山山水水、一草一木，都是我们心中最美的风景、梦里永远的牵挂、历久弥新的乡愁。

溯源而下。近1万年来，无数勤劳智慧、自强不息的开原人，在北纬42°32′这片神奇的黑土地上繁衍生息，创造了丰饶的文明，留下了厚重的历史、珍贵的记忆。开原，是关东大地最富饶的地区。这里民族众多，不同的文明体系，在发展蔓延过程中，不可避免地出现碰撞、交汇和融合，使开原身处经久不息的变迁之中，并在变迁中不断优化和成长。当我们放大自己的视域，我们就会与女真、乌桓、鲜卑、契丹，当然还有汉族等族群留下的历史痕迹不期而遇。可以说，走进开原就走进了烽火硝烟的古战场，郝里、完颜阿骨打、金兀术、徽钦二帝、耶律留哥、蒲鲜万奴、王浍、努尔哈赤、郝裕等，一个个熟悉而又陌生的名字呼啸而至，五光十色地映现在开原的历史舞台上。

开原是辽金文化的发祥地。位于老城街道的咸州古城，曾为夫余、大金、东辽、东夏四国都城，辽金元明清五朝重镇，是一座历史悠久、文化厚重的千年古城。历史进入有明一代，据说"元"字犯了朱元璋的名讳，开元悄然转身为开原。连同名字，还发生四大变化：一是城池升格。周12里20步，高3丈5尺，东移后的新城，城垣由青砖包砌。这样的规制，在广袤的大东北，除了辽阳，就是它了。二是重兵布防。先将三万卫移置开原，后迁入辽海卫，设开原兵备道和北路参将府，常备马步军 1.3 万。三是封王镇边。朱元璋把自己的第二十个皇子朱松封到开原，封号为韩王，以开原为藩国。尽管英年早逝的朱松没能到任，但他的儿子来了。二世韩王一住 15 年，直到后来改封平凉。四是兴建长城。在明朝与蒙古人之间，划出一条长达 60 公里的军事分界线，以增加安全系数。凡此种种，将开原推向辽东防御版图的最前沿。孤悬东北，三面濒夷，冯瑗用一部《开原图说》释读了边防形势之紧迫。而置马市 200 年，辟驿道 5 条，又使开原成为东北的交通和物流枢纽。那是开原历史不折不扣的黄金时代！

悠久厚重的历史为开原储备了灿烂的文化遗产。丝关文化、流人文化、小令之王纳兰性德、子弟书大家韩小窗、民国书法团队、小品王赵本山、萨满舞、二人转，已经成为誉满华夏的文化名片。文脉绵亘，薪火相传。历经千百年的锤炼和洗礼，开原文化枝繁叶茂、硕果累累，在东北乃至全国占有一席之地。

继往开来。在新的历史机遇期，开原市委、市政府高瞻远瞩，站在萃取精华、丰富内涵、提升品位、凝聚精神的高度，创新发展理念，以实施全域旅游文化战略建设"文旅强市"为路径，举全市之力，共谋家乡崛起。市政协秉持谋长远、谋根本、谋全局、干实事的工作理念，在积极履职尽责的同时，从品牌打造、历史挖掘、资源活化入手，助力开原文化建设，彰显文化开原魅力，加快提升开原文化软实力，为打造"文旅强市"奠定重要基石。《开原丛书》便是其中浓墨重彩的一笔。

"爱国主义，就是千百年来巩固起来的对自己的祖国的一种极其深厚的感情。"（列宁）爱国与爱家乡，一脉相承，互为依托。"为什么我的眼里常含着泪水？因为我对这土地爱得深沉。"艾青的名句，历经几十年，至今读来仍然散发着浓浓的人文气息，有着震撼人心的力量。放置于开原这个视角考量，推进"文旅强市"建设毋庸置疑应从爱我家乡开始，从"知我开原、爱我开原"开始。而《开原丛书》的推出，在夯实开原历史文化名城的基础上，也为全体开原人热爱家乡、情系乡愁提供范本，以此为窗口，让更多的人了解开原、认识开原、亲近开原。政协人所肩负起的这份使命和文化担当，名垂后世，功载史册。

典藏开原，滴水藏海。这是一把打开开原文化之门的钥匙，一张走入开原精神内涵的地图。对于新一轮经济大潮中全面振兴的开原来说，其文化表情和文化符号的意义和价值尤为重要。我们相信，有生生不息的文化滋养，全市干部群众的携手奋进，一定能在岁月的长河里不断积淀厚重，为无限幸福美好的新开原建设描绘出更为瑰丽的画卷！

开原，正走向充满希望的未来！

中共开原市委书记

2018 年 11 月 20 日

《开原丛书》序言

素闻开原，乃东北古都，关东名城，历史悠久，文化浩荡，系文明富庶之邦。讵料今临危受命，来宰是邑，幸何如哉！

古语有云，为官一任，造福一方，亦吾初衷。下车伊始，即率斯民，调查研究，擘画筹措，攻坚克险，共渡难关，发展经济，保障民生。时逾半载，成效初显。

创造历史，系建设物质形态之开原；书写历史，为建设文化形态之开原。二者若鸟之双翼，车之两轮，不可偏废，须协调发展。全市编纂《开原丛书》，历时数载，凡二十余册，集开原文化之大成。似此亘古浩繁之工程，记录历史，传承文化，振作精神，弘扬正气，功在当代，德在千秋。

新时代，新使命，新征程。开原即将迎来咸州古城千禧之庆，深冀全市上下，齐心协力，共建幸福美满家园，同创开原生态文明，重现昔日辉煌，再造明日辉煌。

开原发展，百废待举。值此千帆竞发之际，政协宝玉主席诚邀，为丛书作序。为开原美好明天计，为万千百姓福祉计，勉为其难，是为序。

开原市人民政府市长

2018年11月7日

《开原丛书》序

做学问，做点文化工作，是我一直以来的夙愿。到政协工作，给了我梦想成真的机会。

53岁，不老不少。在人生，正值中年；在体制内，当为晚年。然而，距退休尚有7年，在岗时间不可谓短。做官还是做事，是两个迥异的选择。为做官而做事和为做事而做官有本质的区别。虚度光阴，心有不甘；冲锋陷阵，力不从心。以政协文史资料为载体，组织整理汇集开原的历史文化成果，出版《开原丛书》，牵头开展创建"中国书法之乡"工作，是我选择做事的结果。

文化是似软实硬之物。有时有它不多，无它不少，似乎可有可无；有时无它无根，缺它不行，必不可少。上下五千年，纵横十万里，它无时不有，无处不在，充斥着所有的时间和空间，浸入每个人的灵魂和躯体。一个国家、一个民族、一个城市、一个时代、一个人，本质的区别是文化的差异。文化决定成败，文化决定存亡，文化决定未来。市场经济大朝中追求经济指标，追逐金钱名利，成为一些地方、一些人的主导思想和唯一目标，文化被淡化、被异化、被边缘化、被无视的现象相当普遍。浮躁、急功近利、无视道德伦理、践踏公德法律，林林总总，不一而足。全面加强文化建设迫在眉睫。好在重构新时期文化格局，大力开展文化建设，已经逐步成为国人的共识，纳入国家的战略架构，并付诸实施。

开原，山川秀美，物产丰富，历史悠久，文化深厚；开原人眼界开阔，胸襟豁达，勤劳勇敢，气质独特。史上开原，地处中原政权与北方少数民族交汇处，政治、军事地位突出，民族、文化高度融合，注定其驰名千载，成为东北名城、辽东重镇。改革开放，激活了开原人民的文化基因，开原经济社会实现了跨越式发展。未来开原，必定再攀高峰，持续远行，文化的支撑和润泽，不可或缺。实施文化兴市战略，开发文化资源，开创文化建设新时期，增强文化软实力，正当其时，势在必行。也是功在当代、利在千秋之举，必然功德无量。

出版《开原丛书》意向一出，便得到市委书记、市长的全力支持，似乎这是他们酝酿已久而一直被搁置的计划，只待其人。他们也感到开原的发展需要从战略上审视，需要文化提供持久动力保障。同时，也得到全市有志之士的广泛赞同和参与。开原地方文化研究者、开原地方文化研究者、开原地方史研究爱好者及丛书编委会成员，为本书的出版呕心沥血。

感谢苍天，感谢命运，让我有机会与这些优秀的开原人相处和共事，有机会组织出版《开原丛书》，有机会感受开原的博大和分量。《开原丛书》是其组织编撰者的心血和荣誉，是开原这片沃土的硕果和荣耀，是当代开原人留给未来的礼物。

当浩瀚的《开原丛书》呈现给世人，开原的千年文明光芒必将照耀开原，照耀人心，照耀未来。

开原市政协主席　徐宝玉

2013 年 12 月 25 日于开原

自 序

那肯定是个雨季。

辽北的雨季很短，一般始于7月中旬，到8月中旬结束，为期1个月。而那天的雨格外黏，从头一天飘起就没停，淅淅沥沥地缠绵着。眼看天已过午，我实在坐不住了，瞄准一个空当，大步冲了出去，同样徘徊在外屋的赵大爷也没犹豫，闪身跟上。一脚踏上奶奶在烂泥地上搭好的木板，我的姿势未及摆正，赵大爷那边就按下了快门。那时我六七岁光景，这张照片无疑成了我的第一张实景照。

20世纪70年代中期，照相机绝对是稀罕物，属家庭的奢侈品，非殷实人家置办不起，更别说远在偏僻农村的我家。每次照相非进城不行，此前也照过三四次，那样的日子在大人是节日，于我却异常紧张。因为一进照相馆，一看布景就头晕，于是不得不听命于摄影师的摆布，让你笑你就笑，不会笑也要挤出笑。我生性木讷，调度不好脸上的肌肉，索性不欢不笑，可又担心绷起脸难看，内心矛盾着，每次都跟梦游一样。只有这次例外。

家住老城时髦爱玩的赵大爷把他的宝贝带到我家，才有了我的盛大节日。家是我的天地，虽说紧张依旧，但没了庄严刻板的布景，没了让你强作欢颜的指使，似乎主动权回到了自己手上，可以任性地绽放自己，这种背景下的随性适意，岂不跟过节一样？

在这张照片里，我的表情难言轻松，但内心安稳。与我一起定格的还有那间茅草房，那曾是我七岁时住过的小屋，虽然破旧简陋，却载满了我童年的欢乐。也正是从这里，我第一次为父亲抻纸磨墨写春联，由此见识了毛笔，拿起毛笔，一写就是四十年。从毛笔的提按使转中，我找到了平复内心告别恐惧的门径，找到了与他人与世界沟通和解的方式，它已然成为我安放心灵的地方，今后我还将继续与之为伍。

当然，在镜头背后，还少不了赵大爷。按书面语表述，应该写作大伯。赵大爷家住老城，当年与我家住南北炕，共居一室，相处融洽。父亲三岁时，奶奶开始坐立不安，因为父亲上面的两个哥哥都在三岁时夭折，那段痛彻心扉的记忆让奶奶常常夜不能寐。听说给孩子认个干妈能保平安，奶奶据此照做。于是，同一屋檐下的两家人结下亲戚，即便父亲五岁时全家迁居乡下，这段没有血缘牵绊的关系依旧没有冷却。父亲逢年过节总不忘看看干妈，干哥哥也总愿为父亲的事业生活参谋指路，亲戚越走越亲，城乡之间你来我往，亲情在走动中升温。而这份情感的存续，又无形中固化为我们家族老城定居史的鲜活例证。

老城，即咸州古城，史上开原第一城。1000年前，辽圣宗耶律隆绪置咸州于此，从此老城又被称作咸州城，这一叫就是千年。由一张相片缘起，到两个家族半个多世纪的情感交集，岁月因亲情而丰盈，咸州古城因记忆而历久弥新。

往事如烟，尘缘如梦。一张小小相片的前世今生，不经意间打开了我记忆的闸门。我相信，每个人翻捡起自己的旧照时都能讲出诸如此类的故事。你的故事，我的故事，他的故事，大家的故事拼合一起，也便汇成了岁月的长河……

戴为众

2019年5月13日

目 录

《开原丛书》总序 王政准 / 001

《开原丛书》序言 陈敬满 / 004

《开原丛书》序 徐宝玉 / 005

自序 戴为众 / 007

第一章 社会主义过渡时期（1949—1955年）/ 001

第二章 社会主义探索时期（1956—1965年）/ 051

第三章 "文化大革命"时期（1966—1976年）/ 157

第四章 社会主义建设新时期（1977—1980年）/ 271

（壹）

第一章
社会主义过渡时期

1949~1955 年

1949年2月，中共开原县委员会成员合影

1949年2月，开原县第十区（小湾屯）工作人员合影。区委书记常喜林，副区长闫文阁，工作队长路允堂、肖会伟，财政助理王牖

1949年7月，开原县第十区政府庆祝"七一"党的生日合影（刘兴晔提供）

1949年10月，老城钟鼓楼

位于庆云堡乡双楼台村的新安关遗址

1949年1月，张健任县委书记，当年9月离职

抗联战士王庆云（1913—1968）随第五十四军第一六〇师南下，任通讯大队大队长

时任东北人民政府农业部部长杜者蘅（1909—1975）

1949年11月，县区领导欢送孟宪民（二排左五）去省里工作

1949年11月，徐健之接任开原县人民政府县长，1950年8月离职

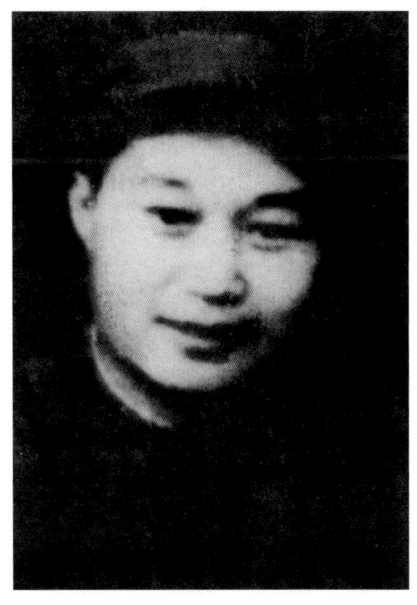

1946年7月，孟宪民（1914—1988）任县长，1949年11月离职

1950年1月，辽西省立开原县朝鲜族中学校第一次卒业式合影（葛峰提供）

1950年2月，第十区（小湾屯）区委干部合影

1950年2月，第十区干部合影

1950年2月，第十区委员会全体同志合影

1950年2月，开原县公安局在大年初四举行春节文艺活动，联欢会上演出文艺节目《活捉阎锡山》

1950年2月，开原县公安局干警合影

1950年6月，开原县第三区全体教师及区政府同志庆祝教师节合影（张军提供）

1950年7月，开原县第十区庆祝中国共产党诞生纪念大会合影（刘兴晔提供）

1950年7月，开原县第十区庆祝中国共产党诞生纪念大会合影（局部）

开原名伶菊桂舫饰演的贾宝玉剧照

1950年10月，开原县庆祝中华人民共和国成立一周年大会现场

1950年10月，即将赴朝参战的韩殿勉（左）与战友

1950年10月，战士高润田入朝作战前留影

1950年11月，和顺屯青年吕占一在朝鲜战场留影

1950年11月，开原派出大批随军担架队开赴朝鲜，参加抗美援朝

1950年12月5日，航空兵第五师在开原组建，图为主要机种苏制伊尔-10

1950年12月，订婚照（韩光提供）

　　1951年5月，驻开原航空兵第五师领导成员合影。后排师副政委于应龙（左一）、师长马勇（右一）；前排左起师政治部主任翟佑民、师参谋长白宗善、师政委马迎泽

1951年5月，师长马勇在全师大会上讲话

1951年5月，驻开原空军篮球比赛中，马勇担任裁判

1951年8月，开原县干部群众抗洪救灾

1951年9月，县妇联组织街道妇女为产妇洗衣服

20世纪50年代的父女合影（李贵学提供）

1951年开原公园花亭（张军提供）

1951年10月，水灾过后，水利部部长傅作义深入一线视察开原灾区

1951年11月，开原某地农民控诉反革命分子罪行大会

1951年11月，开原县第一届第二次妇女大会代表合影

1951年11月，开原县第一届第二次妇女代表大会现场

1951年12月，开原县交通会议部分代表合影（荣玉书提供）

1952年1月，结婚照（韩光提供）

1952年7月，开原二中三年一班毕业师生合影

1952年7月，开原第一高中三年一班毕业师生合影

1952年7月，开原第一高中三年五班毕业师生合影

1952年7月，嵩山堡（1965年改为松山公社）小学六年毕业师生合影（赵庆范提供）

1952年10月，开原县麻袋工厂全体干部合影（韩光提供）

1952年8月，关志明（1927—2014）被选调到军委装甲兵司令部工作，他撰写的《关于坦克兵天天练的基本经验》一文被装甲兵杂志社推选为社会主义国家军队交流经验文稿

1952年10月，李克任县委书记兼县长

20世纪50年代的集体合影（张广祥提供）

1952 年 5 月，贾陶（1909—1976）任中央军委高级炮兵学校校长时留影（贾安立提供）

1952 年 10 月，欢迎抗美援朝归来的将士

1952年11月，姐弟合影（曹先洲提供）

1953年1月，民主小学小侦察员合影（张军提供）

1953年2月，开原县在十区前三台子创办了东北第一个集体农庄。一年后农庄新添了拖拉机，辽北农民第一次看到了耕地不用牛的奇迹

1953年4月，归国的志愿军战士

1952年8月，志愿军战士于学芳于朝鲜战场（尉明提供）

1952年8月，志愿军战士孙淑珍于朝鲜球场县（尉明提供）

1953年6月，欢迎归国志愿军和朝鲜友好代表团

1953年6月，开原各界欢迎归国志愿军和朝鲜友好代表团

1953年7月，威远堡小学学生郊游龙潭寺（海浪提供）

1953年7月，下肥地完全小学六年一级毕业生合影（冯野大提供）

1953年7月，下肥地完全小学少先队一大队一中队（冯野大提供）

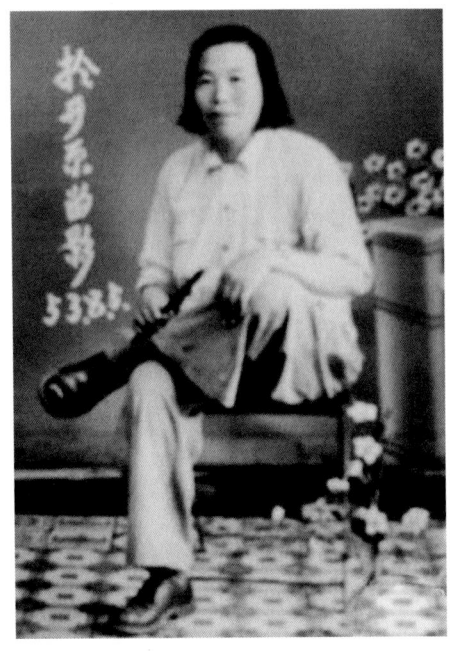

1953年8月，长征女红军战士刘照林在开原志愿军速成中学

1953年7月，第四区大白庙完全小学六年级毕业师生合影（齐铁新提供）

1954年，开原第一高级中学师生合影

1954年2月，出席辽西省教育代表大会的开原代表合影（赵庆范提供）

1954年2月，莲花剧团街头演出（高振民提供）

1954年5月，和平完全小学女篮在全县运动会夺冠后合影

1954年6月，开原三中团支部成员合影（王海鹰提供）

1953年4月，安金铅（坐者）家族合影（前排左一为安业茂，本照片提供者）

1954年7月，开原中学团五支部合影（尹彤提供）

1954年7月，开原县北沟完全小学毕业师生合影（高清林提供）

1954年8月，杜者蘅当选为辽宁省人民政府主席，成为新中国成立后辽宁省第一任省长

在田间地头调研的杜者蘅

深入农业生产第一线的杜者蘅

1954年2月，在北京的高崇民（1891—1971）全家合影

张莹（1924—1969），长春电影制片厂演员

1955年2月，电影《董存瑞》上映，张莹因饰演张连长（右）于1949—1955年文化部优秀影片评奖中获个人一等奖

1955年3月，开原火车站部分职工合影（李晓莉提供）

1955年3月，参加解放军工兵积极分子大会后的韩殿勉

1955年3月，新中国第一代女挖掘机手宋玉琴（左）在接受记者采访（金春子提供）

1955年3月，战斗在大伙房水库工地的宋玉琴（中）与姐妹们（金春子提供）

1955年7月，莲花乡北沟完全小学第四期毕业师生合影（高清林提供）

1955年7月，民主小学教师合影（张军提供）

1955年9月，共青团开原中学第三届团员代表大会全体代表合影

1955年9月，高存信（1915—1996）被授予少将军衔，荣获二级独立自由勋章、二级解放勋章

1955年9月，贾陶（1909—1976）被授予少将军衔，荣获二级独立自由勋章、一级解放勋章（贾安立提供）

1955年9月，廖仲符（1913—2001）被授予大校军衔，荣获二级独立自由勋章、二级解放勋章，1961年晋升为少将军衔

1955年9月，路遐（1909—1998）被授予大校军衔，荣获二级独立自由勋章、二级解放勋章、一级红星功勋荣誉章，1964年晋升为少将军衔

（贰）

第二章
社会主义探索时期

1956~1965 年

1956年2月，开原育才实验完全小学教师合影（崔晓红提供）

1956年2月，开原镇民主完全小学教师合影（张军提供）

1956年4月，归国志愿军某班战士合影（尉衡提供）

1956年6月，中固乡高小毕业师生合影（赵庆范提供）

1956年7月，开原县中小学优秀教师代表大会代表合影（高清林提供）

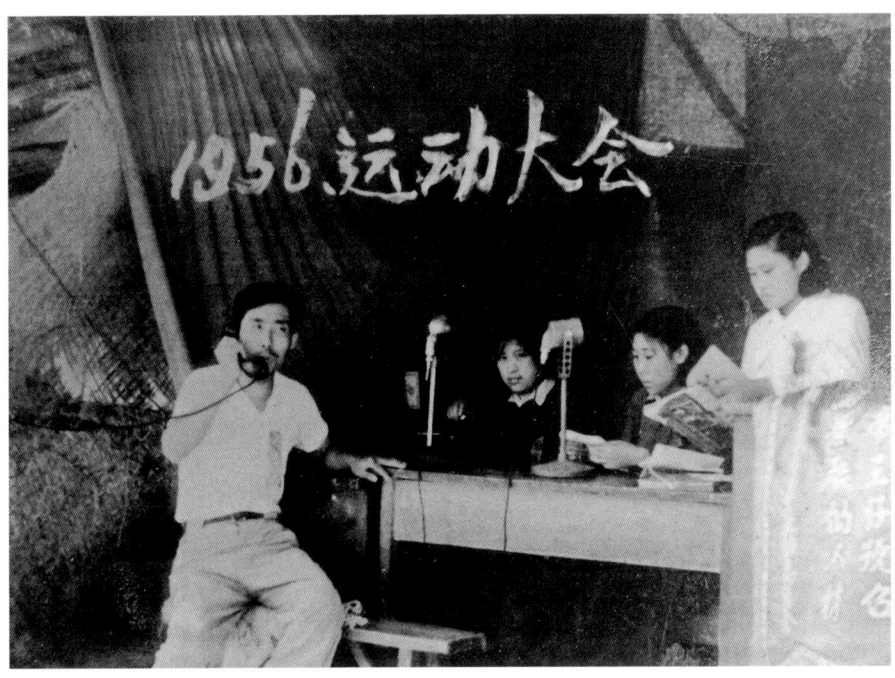

1956年6月，开原县体育运动大会播音组（刘晶华提供）

1956年6月，开原中学少先队辅导员和大队委员合影（尹彤提供）

1956年7月，老城镇线河小学六年三班毕业师生合影（霍英敏提供）

1956年7月，开原二中第三期毕业师生合影（魏长奇提供）

1956年7月，电力工业部北京水力发电学校建筑专业师生合影。时任校长为开原人韩冲（一排中）

1956年8月，时任吉林省副省长关俊彦（1885—1971，前排左四）在长春接见新疆少数民族参观团中的锡伯族代表。关俊彦为开原大湾屯人

1956年8月，开原助产员培训班学员合影（韩光提供）

1956年9月，开原县委财经训练班中班三组学员合影（荣玉书提供）

1956年11月，开原县工会代表大会全体代表合影（赵卫国提供）

1956年9月，归国后的志愿军战士吕占一

曾任开原县工会生产部副部长的安长春。其父安永禄为中共铁岭地区党员第一人，曾创立中共开原特别支部，任支部书记

1956年11月，路允堂任开原县县长

1956年12月，褚凤岐（1917—1967）任中共辽宁省委常委、辽宁省副省长。1961年3月，任中共中央东北局农村工作委员会副主任

1957年1月，街头秧歌表演（高振民提供）

1957年1月，开原镇金星缝纫合作社青年职工合影

1957年1月，庆云堡乡老虎头业余剧团演职人员参加县里汇演后合影（关明霞提供）

1957年5月，归国后的志愿军战士（赵卫国提供）

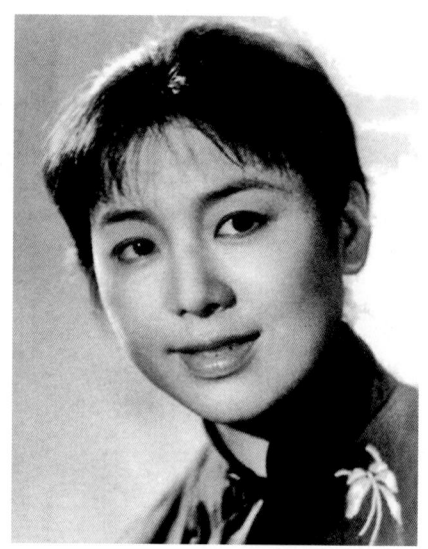

1957年4月，李桂信主持开原县人民委员会工作（代县长），1958年任县长

宋雪娟（1935—2012），生于开原，长春电影制片厂演员

1957年6月，开原高中毕业生合影

1957年6月，开原中学少先队辅导员和大队委员合影（尹彤提供）

1957年7月，开原回民小学应届高小毕业班师生合影

1957年7月，下肥地小学毕业生和教师合影（孟子添提供）

1957年9月，育才实验小学的马铃薯大丰收（张敏提供）

1957年，县工会组建工人业余京剧团。图为《王家坡》剧照，马学良饰王宝钏、邹成春饰薛平贵（袁震宇提供）

《打龙袍》杀庙一场剧照，邹成春饰韩奇、马学良饰秦香莲（袁震宇提供）

1957年12月，开原一中三年四班师生送别同学（李素香提供）

1958年4月，改洼治涝宣传队流动演出组合影（李素香提供）

1958年4月，人民解放军驻开原部队支援水利建设完工后在工地举行军民大联欢现场

1958年6月，开原高中三年四班毕业师生合影

1958年6月，开原县评剧团演职员欢送李县长合影（高振民提供）

1958年6月，育才实验小学在全县田径运动会夺冠后合影（崔晓红提供）

1958年7月，开原一中工会语文组参加向党交心活动（赵庆范提供）

1958年7月，共青团开原一中团员毕业生与教师合影（赵卫国提供）

1958年7月，开原中学向党交心活动中教师合影（宋学敏提供）

1958年7月，开原高中三年五班毕业师生合影（宁俊儒提供）

1958年7月，开原高中五八级毕业师生合影

1958年7月，开原中学（老城）初三一班毕业师生合影（尹彤提供）

1958年8月，清河水库工程上马。拖拉机、羊足碾在坝上施工（曾浩提供）

清河水库工地转移工作面的采砂船（曾浩提供）

1958年8月，著名作家韶华挂职清河水库工程局党委副书记，深入一线体验生活，创作出长篇小说《浪涛滚滚》

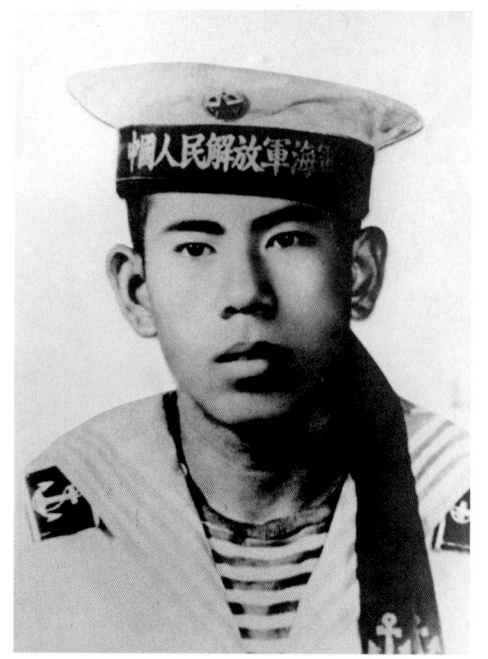

安业民（1938—1958），满族，开原人。1958年8月23日，在福建前线炮击金门的战斗中，为保护火炮，全身烧伤面积达百分之七十，仍坚持战斗直至炮战结束。因伤势过重，抢救无效而牺牲（左平提供）

1958年11月，靠山屯管理区干部参加县里誓师大会后留影（陈春梅提供）

1959年1月，八棵树公社医院职工与孙世维老师合影（张红艳提供）

1959年5月，和平小学教师欢迎新同志合影（李素香提供）

1959年5月，开原县各界人民表彰安业民烈士英雄事迹会场

在开原县各界人民表彰安业民烈士英雄事迹大会上，海军政治部秘书长柳夷致辞

生前战友许弟鸪致辞

海军领导机关向安业民烈士家敬献牌匾

安业民父母与海军战士

光荣之家

1959年7月，海军首长接见安业民烈士父母时合影（左平提供）

1959年6月，古城堡管理区小学六年级毕业师生合影（张春山提供）

1959年6月，省第一精神病院更名为沈阳市开原神经精神病防治院，图为病房楼（即牧师楼）（吴化民提供）

1959年7月，开原高中三年一班毕业师生合影

1959年7月，老城镇公社线河学校欢送实习老师（关欣提供）

1959年7月，开原一中三年二班毕业师生合影（关树德提供）

1959年7月，共青团开原一中初中毕业生师生合影（赵卫国提供）

1959年7月，开原高中教工支部部分教师合影

1959年7月，开原镇民主中心小学毕业生和教师合影（张军提供）

1959年7月，开原高中三年七班毕
业师生合影（魏长奇提供）

1959年7月，开原一中一年五班参加农业劳动时的合影（李晓莉提供）

1959年7月27日，清河水库拦河大坝提前达到127米，圆满完成拦洪计划（曾浩提供）

1959年7月，民主小学六年一班毕业师生合影（曾男提供）

1959年8月，老城镇公社线河学校团
支部全体同志合影（关欣提供）

1959年8月，尚阳堡管理区供销社撤销职工临别合影（曾浩提供）

1959年9月，开原高中军体活动

1959年12月，开原县财贸红专学院财会五班师生合影（刘绍轩提供）

1959年12月，开原县财贸红专学院第五期结业纪念（刘绍轩提供）

1960年1月，开原镇联合二厂制鞋车间女工合影（吕忠提供）

1960年1月，农业机械站职工合影（陈春梅提供）

1960年1月，中共开原县委党校第二班学员合影（尉衡提供）

1960年3月，八棵树医院除害灭病防治小组整装待发（张红艳提供）

1960年3月，开原二中欢送参军同学入伍（赵卫国提供）

1960年4月，开原高中篮球代表队（孟子添提供）

1960年5月，开原高中体育运动会二年八班步兵进攻战术表演后师生合影

1960年7月，开原二中初三三班毕业师生合影（李素香提供）

1960年7月，开原四中初三三班毕业师生合影（姜洪海提供）

1960年7月，开原高中三年一班毕业师生合影

1960年7月，开原第一高中三年一班团支部师生合影

1960年7月，开原第三初级中学三
年七班毕业师生合影（富巍提供）

1960年7月，老城镇线河小学全体教工合影（关欣提供）

1960年8月，开原首届俄训四班师生合影

1960年，国足参加中、越、朝、蒙四国赛合影，后排左二高丰文。高丰文，1939年生于开原，曾担任国家足球队主教练

1960年5月，开原一中运动员与教师合影（赵卫国提供）

1960年8月，开原县首届军事夏令营全体指战员合影

1960年10月，寇河水库工程局筑坝工区职工合影

1960年9月，共青团开原县中小学三面红旗教育现场会（赵卫国提供）

1961 年 3 月，开原一
中师生植树造林（赵卫国
提供）

1961 年 3 月，民主小
学全校师生大会（张述宣
提供）

1961年3月，下肥地公社一骑
马女子

1961年4月，寇河水库工地部分建设者合影

1961年4月，共青团开原第一高中第五届团员代表大会代表合影（关树德提供）

1961年7月，开原县第二中学首届高中团员毕业生合影（赵卫国提供）

1961年7月，开原第二中学初中团员毕业生合影（赵卫国提供）

1961年7月，开原第一高中三年四班毕业师生合影（孙贺中提供）

1961年7月，开原第一高中三年七班毕业师生合影（孟子添提供）

1961年7月，开原第一高中三年八班毕业师生合影

1961年7月，中共开原县委党校学习留念

1961年7月，开原第一高中第十届毕业生与教师合影

1961年8月，开原四中毕业师生合影（王奇提供）

1961年8月，开原四中三年二班毕业师生合影（王奇提供）

老邻居合影（张军提供）

1961年12月，八宝屯公社机关干部合影。八宝屯原属十一区，1956年建乡，1958年并入庆云堡公社，三年后重新独立为公社建制（王海鹰提供）

1962年1月，中固公社机关干部合影（谢彬提供）

1962年1月，出席县第六次团代会的八宝屯公社代表合影（王海鹰提供）

1962年2月，朱鹏举毕业于苏联列宁格勒精密仪器光学院计算机专业。朱鹏举，1935年生于开原，曾任北京计算机学会副理事长（刘绍轩提供）

1962年2月，朱鹏举留学期间和同学在一起（刘绍轩提供）

1962年5月，和平百货商店职工合影（韩君提供）

1962年5月，清河水库第三期党训班学员合影

1962年5月，杨凤岐任
县委副书记，主持工作

1962年6月，开原四中初三三班毕业师生合影（陈文义提供）

1962年7月，开原第一高中三年六班毕业师生合影（关树德提供）

1962年7月，开原三中三年六班毕业师生合影（高清林提供）

1962年7月，下肥地小学教师合影（孟子添提供）

1962年10月，八棵树公社卫生院全体同志合影（张红艳提供）

1962年10月，卫生院添置新设备（张红艳提供）

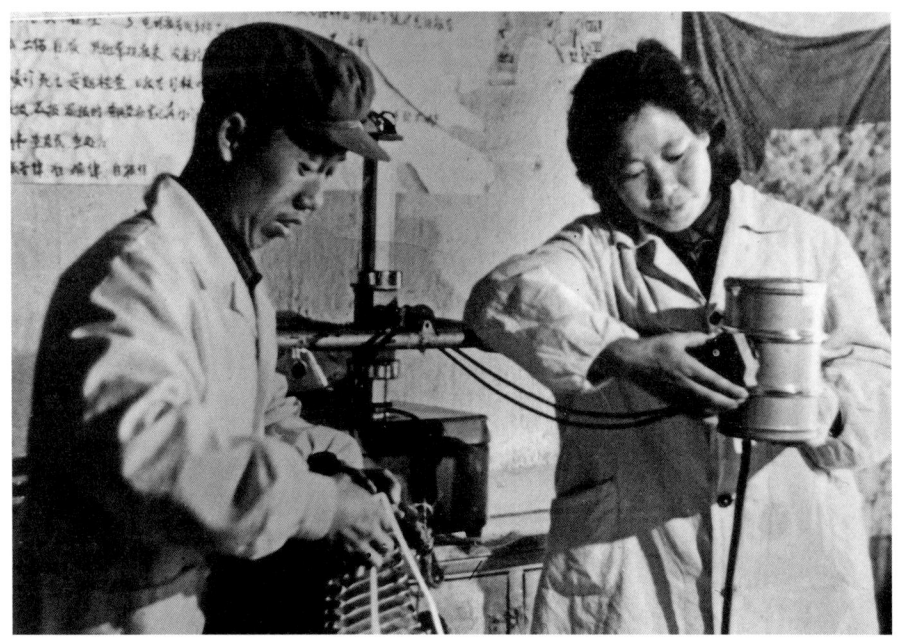

1962年10月，罗淑范与院长安装X光机（张红艳提供）

1963年1月，开原三中的铁岭师范毕业生合影，背景为三中老教学楼（前排左一为富巍，本照片提供者）

1963年1月，开原县出席沈阳市建设社会主义新农村代表会留念（王海鹰提供）

1963年3月，开原县出席沈阳市先进集体、先进生产（工作）者会议代表合影。前中是安业民父亲（前排左三为富巍，本照片提供者）

1963年2月，开原五中（即庆云中学）团训班师生合影

1963年3月，老城拖拉机站拖拉机手合影（张守印提供）

1963年5月，镇郊公社清辽小学体育队运动员和教师合影（李雪峰提供）

1963年6月，开原镇民主中心小学教师合影（张军提供）

1963年6月，开原五中（即庆云中学）三年二班毕业师生合影

1963年6月，下肥地公社中学教师合影（冯野大提供）

1963年6月，开原四中三年一班毕业师生合影（王奇提供）

1963年7月，开原县幼儿园毕业师生合影（韩光提供）

1963年7月，实验小学六三届毕业师生合影（施成富提供）

1963年7月，开原三中三年一班班委会团支部合影（李素香提供）

1963年7月，开原高中党支部全体同志合影

1963年7月，开原高中三年一班毕业师生合影（徐桂琴提供）

1963年7月，开原高中三年四班毕业师生合影

1963年8月，安业民牺牲五
周年纪念大会

1963年8月，开原县农业科学研究所欢送同事入伍合影（海浪提供）

1964年2月，开原医院医护人员合影（尉明提供）

1964年3月，共青团开原县第八届委员会全体委员合影（王海鹰提供）

1964年5月，开原镇民主中心小学体育队参加县运动会合影（张述宣提供）

1964年4月，貂皮屯小学六年级毕业师生合影（周乐明提供）

1964年，开原三中教师富巍被授
予全国劳动模范

1964年6月，开原第十二初级中学（即金沟子中学）团总支部成员合影（白景森提供）

1964年6月，开原县第十二初级中学（即金沟子中学）毕业班师生合影（白景森提供）

1964年6月，下肥地公社首届男篮代表队合影（孟子添提供）

1964年7月，开原三中三年五班毕业师生合影（李素香提供）

1964年7月，开原高中三年六班毕业师生合影

1964年7月，开原高中三年七班毕业师生合影

1964年7月，开原高中三年八班毕业师生合影（高尚提供）

1964年7月，下乡到八棵树公社荒地大队大望山下的沈阳三十九中学知青

一只小刺猬给枯燥的知青生活带来了无穷乐趣

1964年7月，在劳动中磨砺青春的大望山下青年队知青

知青点里的生活虽苦，但偶尔也会改善生活

　　1964年7月，沈阳市第二十九中学（现回民中学）的刘桂云、王国良、赵志岩、蒋铃、马犁5名六四届应届高中毕业生，自愿放弃高考，来到威远堡公社靠山大队插队落户。同年9月16日另有沈阳市三所中学的13名应届初高中毕业生来到这里，他们建起新房共同吃住，创建了靠山大队知青点。"7·28"由此成为建点日和上山下乡的纪念日。图为刘桂云的母亲（左）到火车站为女儿送行

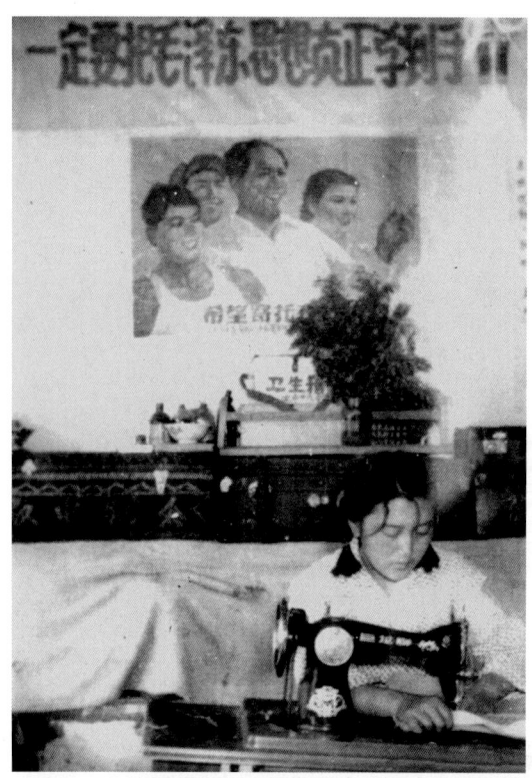

女知青刘桂云在为青年点
同学缝补衣服

1964年7月，开原四中乒乓球代表队，教练吴绍庭，领队刘承斌（董亚珍提供）

1964年7月，开原四中三年一班毕业师生合影（石淑珍提供）

1964年8月，城郊公社砖瓦厂瓦车间同志合影（吕忠提供）

1964年8月，古城堡公社各大队团支部书记合影（关静提供）

1964年8月，开原县妇幼保健站助产员训练班学员合影（韩光提供）

1964年9月，参加共青团开原县第九届委员会第一次委员（扩大）会议的全体同志合影（王海鹰提供）

1964年11月，开清公路全体指挥员合影（冯野大提供）

1965年4月，古城堡公社五家沟小学六年级毕业师生合影（戴国林提供）

1965年5月，古城堡公社小学教师集训班全体学员合影（戴国林提供）

1965年5月，开原四中大乐队（佟静安提供）

1965年6月，辽宁大学"四清"工作队柴河堡公社工作组成员合影。左起赵家风、江静远、徐国伦、冉欲达、王向峰、赵仲牧、乌丙安、公社某干部。不久后全组调到铁岭，1966年夏全体撤回辽宁大学，参加"文化大革命"运动

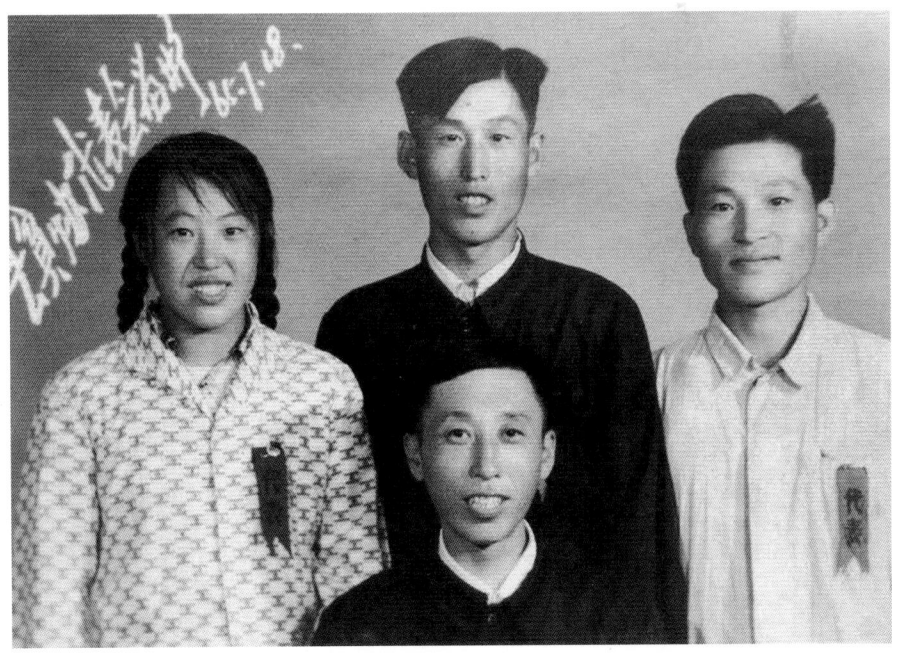

1965年7月，古城堡公社参加县贫下中农协会会议代表（关淑平提供）

1965年7月，开原县幼儿园毕业师生合影（张醒提供）

1965年7月，民主小学毕业生和教职工合影（张军提供）

1965年7月，上肥地公社参加社教运动的同志合影（陈春梅提供）

1965年8月，共青团开原县第十次代表大会财贸代表团合影（曾男提供）

1965 年 8 月，开原火车
站前留影（刘晶华提供）

1965 年 8 月，开原县妇女干部学习班师生合影（吕忠提供）

1965年8月，开原县评剧团社教运动结束后合影（高振民提供）

1965年9月，威远堡公社靠山大队的沈阳市第二十中学知青赵守成、洪亚迪、刘恩义先后创办了靠山、双城子、下城子等三个大队的农民中学。图为赵守成在为靠山农民中学的学员上课

1965年8月，靠山大队知青在田间观察高粱高产品种生长情况

1965年10月，八棵树公社荒地

1965年10月，一年前来到八棵树荒地大队的知青

1965年10月，荒地大队知青在学习放牧

1965年10月，荒地大队的知青们很快学会了干农活

1965年10月，荒地知青们手持羊毛剪刀剪羊毛

1965 年 10 月，荒地大队知
青手捧《毛泽东选集》

1965 年 10 月，荒地大队知青劳动之余在小溪边洗洗涮涮

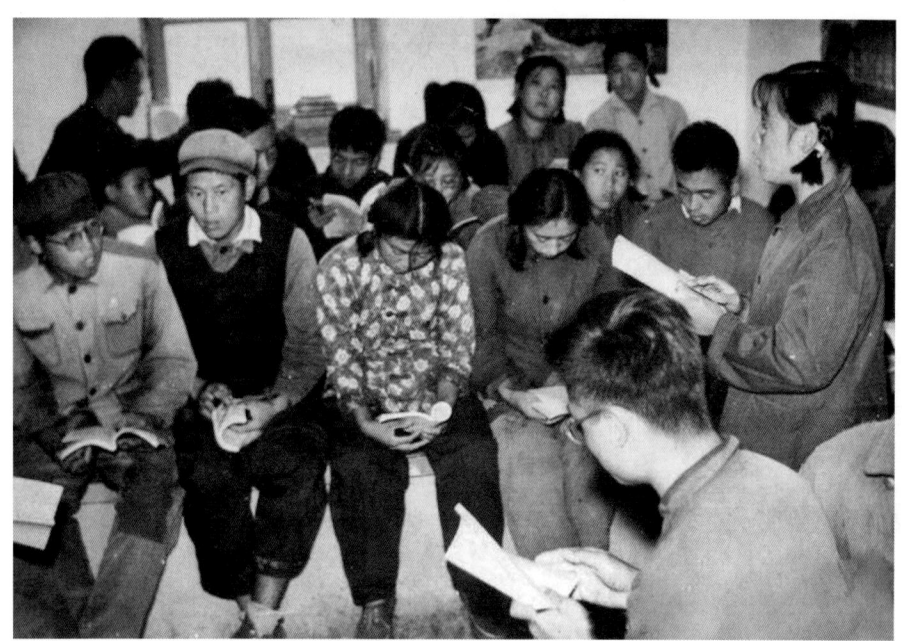

1965年10月，学习中的荒地大队知青

1965年10月，八棵树公
社荒地大队女知青合影

1965年10月，乐观向上的荒地大队知青

1965年10月，荒地大队知青欢送同学合影

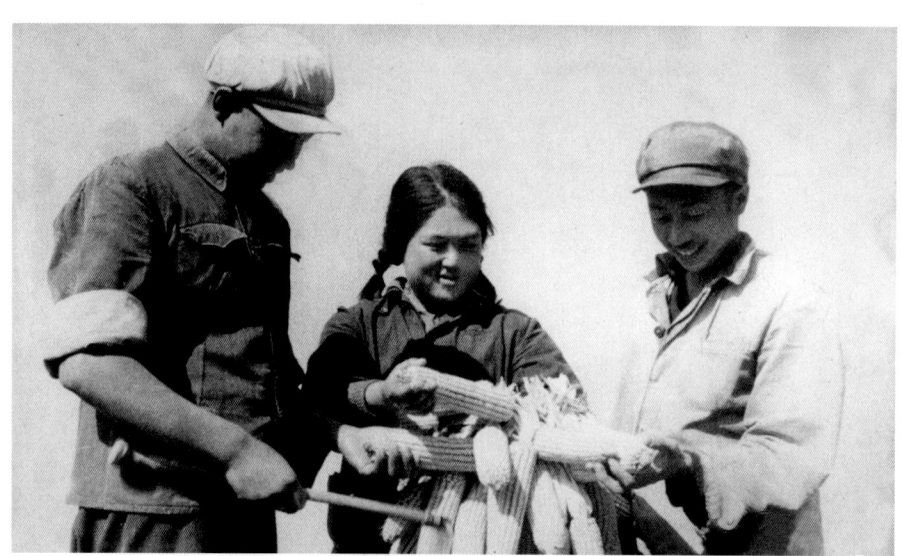

1965年10月，威远堡公社靠山大队知青在比较玉米杂交品种与当地玉米品种在成穗后的差别

1965年11月，下乡到靠山大队九队的知青合影

1965年11月，下乡到靠山大队八队的知青合影

1965年11月，靠山大队五
队知青合影

第三章
"文化大革命"时期

1966~1976 年

1966年2月，开原曲艺团青年演员
曾淑媛演出的单出头《小老板》剧照
（徐天欣提供）

1966年1月，以威远堡公社靠山大队知青为主组建的开原县知青业余文艺演出队在演出后合影

1966年5月，赶着牛车去青年点园田的靠山大队知青

1966年5月，刚下乡的靠山大队五队知青向农民虚心求教铲地技术

1966年5月，威远堡公社靠山大队二队知青在泥水中扶耙耙地

1966年5月，知青与农民一起耙地的劳动现场

1966年7月，知青刘锦秀在猪圈旁喂猪

1966年6月，靠山大队七队知青在地头休息时，为社员读报

1966年6月，靠山大队知青洪亚迪抽调到双城子大队创办农民中学。照片为他带领学生去农田现场教学时扶学生过河的情景

1966年6月，靠山大队知青在窦家坟沟苗圃嫁接果树

　　1966年6月，时任威远堡公社党委书记魏修贵（右三）、大队党支部书记施明义（右四），到靠山大队青年点了解情况，解决困难，指导工作

　　1966年6月，魏修贵（右）与青年点点长喻国政（左）展望靠山远景。喻国政曾先后任开原县革委会副主任、铁岭地区卫生局副局长、铁岭市体委主任

　　1966年7月，魏修贵、施明义来到靠山大队青年点食堂召开政治组与青委会成员会议，研究指导青年点自我教育、自我管理、自我服务工作

1966年6月，靠山大队九队社员在山中采集中草药

1966年6月，知青们在食堂开展政治学习

1966年6月，富强办事处欢送同事合影（吕忠提供）

1966年6月，古城堡公社参加县农中、小学教师集训的全体同志合影

1966年6月，古城堡公社五家沟小学六年毕业师生合影

1966年7月，光明小学第五届六年一班毕业师生合影（运洪印提供）

1966年7月，靠山大队七队女知青肖平为即将出工的六队男知青杨冬冬缝补衣服

1966年7月，知青刘桂云在青年点院内读《中国青年》杂志

1966年7月，靠山大队二队知青在田头教生产队长识字

1966年7月，调到八宝公社四社大队与调到本公社南城子大队的7名知青交流工作经验

　　1966年7月，靠山大队知青在青年点院内排练文艺节目准备参加演出。演唱者为翟雅萍，该大队先后有27名知青参加县、公社、大队组建的各级文艺宣传队，成为骨干力量

1966年8月，战天斗地的八棵树公社荒地知青队

1966年11月，威远堡公社靠山大队四队知青（六四届）合影

1967年1月，开原社教队干部在昌图合影（陈春梅提供）

1967年2月，民居儿童合影（现轻工大厅西门对面）（高振民提供）

1967年7月，八棵树公社荒地大队青年队在大望山下合影

1967年7月，县文化馆阶级教育展览馆解说员在老县委附近合影（韩君提供）

1967年10月，威远堡公社靠山大队知青蒋铃被选为第四生产队"打头的"，正在带领农民娴熟地割高粱

1967年10月，荒地大队知青向农民请教

1967年10月，忙着上山采摘的荒地大队知青

1967年10月，知青们排练文艺节目给贫下中农演出

1967年10月，荒地知青开始探索科学种田

1967年10月，最累的农活考验着荒地大队的知青们

1967年10月，荒地大队知青劳动之余，弹起琴唱起歌，歌声飘进小山沟

1967年10月，荒地大队知青在练射击

1967年10月，荒地大队知青迎着朝阳集合操练

1967年10月，知青赶着马车去接新战友

1967年11月，开原县耐火材料厂欢送新兵入伍的场面

1968年3月，威远堡公社靠山大队八队知青与社员欢送本队六五届下乡知青入伍。从当年12月起，六八届下乡知青中先后有5人应征入伍

　　1968年3月，靠山大队入伍知青将一面写有"将革命进行到底"的大旗赠送给青年点留念。这面大旗后来曾悬挂在青年点院内高高的旗杆上，迎风飘扬

1968年6月4日，开原县革命委员会挂牌成立

1968年6月4日，开原县革命委员会成立大会现场

开原县革命委员会成立庆祝游行场面

1968年7月，喻国政（右一）向八队男知青赠发《毛主席语录》

1968年9月，开原高中二年五班部分同学离校下乡前合影（赵秉权提供）

1968年9月，开原三中毛泽东思想文艺宣传队演出照（施杨富提供）

1968年9月，开原三中毛泽东思想宣传队（陈石提供）

1968年9月15日，沈阳市第三十八中学知青下乡到清河公社十八道岗子大队（于立波提供）

1968年10月，古城堡公社欢迎回乡教师参加生产劳动走工农结合道路

1968年12月，开原县学习毛泽东著作第三次讲用会（杨桂芬提供）

欢迎安业民烈士生前所在部队首长大会

县革委会领导班子与安业民烈士家属合影

1968年12月，沈阳市第三十九中学（今东北中山中学）学生下乡到上肥地公社河南街大队

1969年1月，庆云堡公社老虎头大队毛泽东思想文艺宣
传队队员合影（杨桂芬提供）

1969年2月，清河公社二台子大队毛泽东思想文艺宣传
队队员合影

1969年4月，插队到松山堡公社英城子大队的知青医生
张慧范（左一）

1969年5月，柴河公社西场大队女知青和当地女社员合影

1969年6月，柴河公社西场大队青年点知青合影

1969年6月，县文化馆业务干部访学大寨典型王家店大队留影。前右为大队支书康荣（高振民提供）

1969年6月，莲花公社王家大队的沈阳知青接受贫下中农再教育（高振民提供）

1969年6月，王家店大队沈阳知青合影（高振民提供）

1969年8月，威远堡公社靠山
大队文艺宣传队在公社演出后留影

1969年8月，出席开原县第二届活学活用毛泽东思想积极分子代表大会的柴河代表团成员合影

1969年8月，威远堡公社学习
毛主席著作讲用团成员合影，背景
油画作者为知青丁宁（高振民提供）

1969年8月，最早一对离开靠山大队青年点在农村安家的双知青丁峪麟、肖萍夫妇站在自建的茅草屋前合影。此后，六四、六五、六八届知青先后有28人在农村结婚安家（其中双知青有7对）

1969年8月，下肥地中学毛泽东思想文艺宣传队（冯野大提供）

1969年9月，知青伙伴在柴河边（李文刚提供）

1969年9月3日，业民人民公社成立和庆祝大会

1969年9月，开原四中乐队（佟静安提供）

1969年9月，莲花公社东北大队二小队知青合影

1969年9月，清河公社十八道岗子大队知青下乡周年合影（于立波提供）

1969年10月，柴河公社牧羊政大队知青在场院打稻子

1969年10月，下乡到柴河公社牧羊政四队的沈阳市第十九中学五位女生在柴河边

牧羊政大队青年点点长汪玉兰

1969年10月，牧羊政四队知青在学习喂猪

1969年11月，上肥地公社河
南街大队知青合影

1969年12月，古城堡公社北山大队知青合影（孙伟提供）

1970年2月，开原县革命委员会开展"一打三反"运动现场

1970年4月，会战于前马水库工地的清河公社十八道岗子民兵连知青（于立波提供）

1970 年站前
广场留影（高振
民提供）

1970年7月，驻开原空军四团八大队甲班学员毕业合影（姜海提供）

1970年8月，开原工化机械厂小学毕业生与教师合影（张宝良提供）

1970年8月，开原县五七大学文艺学习班四排学员合影（高振民提供）

1970年8月，开原县五七农业大学九二〇学习班全体学员合影

1970年9月，黄旗寨公社上顶子大队知青合影

1970年9月，黄旗寨公社谢家沟六队知青合影

1970年9月，威远堡公社靠山大队知青在劳动之余手持长剑起舞

1970年9月，莲花公社孤榆五队（梨树沟）女知青合影

1970年10月，莲花公社东屯大队第七连民兵排合影（茂豫提供）

1970年10月，莲花公社砚台大队机翻地时知青合影

1970年12月，柴河堡公社东龙湾大队知青在打稻子（王雅良提供）

1970年12月，莲花公社砚台大队知青欢送同学参军入伍

1970年12月，开原县城镇美术创作学习班留影（高振民提供）

1971年1月，排练中的柴河铅锌矿文艺宣传队（王岩提供）

1971年6月，开原县首届军事体育检阅大会

1971年4月，开原县各级民兵苦练杀敌本领。图为民兵进行训练之一

民兵训练之二

1971年6月，柴河铅锌矿职工宿舍（王岩提供）

1971年7月，红旗小学女子乒乓球队

1971年8月，威远堡公社靠山大队知青欢送首批8名同学抽调返城

1971年8月，威远堡公社靠山五队知青合影

1971年8月，威远堡公社白家窝棚五队知青合影

1971年8月，下肥地公社下肥西大队知青与大队干部在青年点前合影

1971年10月，镇郊公社前三台子部分知青合影

1971年10月，下肥地中学毛泽东思想文艺宣传队合影（孟子添提供）

1971年12月，古城堡公社高中首届毕业师生合影

商业局代表队在开原县城镇大合唱比赛中（高振民提供）

威远靠山文艺宣传队在铁岭调演获奖后留影（高振民提供）

1972年3月，沈阳市第十九中学下乡柴河公社大盘岭六队知青合影

1972年3月，威远堡公社靠山大队部分知青在一起座谈

1972年3月，威远堡公社靠山三队知青合影

1972年5月，业民公社革委会同志陪同安妈妈赴安业民烈士所在连队参观（王海鹰提供）

1972年5月，八宝公社参加开原县中小学运动会代表合影（赵秉权提供）

1972年8月，公园儿童乐园（刘晶华提供）

1972年8月，开原县少年游泳队参加铁岭地区邀请赛留影（韩光提供）

1972年8月，靠山公社第五次党员大会合影（谭文琦提供）

1972年8月，清河镇张相学校七年级师生留影（赵志杰提供）

1972年8月，威远堡公社塔子沟学校七年级毕业师生合影（李冬梅提供）

1972年8月，靠山屯公社东龙湾知青张印通在铁岭地区种子管理站研究选择杂交玉米品种

1972年8月，知青排练表演唱（刘晶华提供）

1972年10月，开原二中职工合影（尹彤提供）

1972年11月，开原一中四年六班毕业合影（左平提供）

1972年12月，文化馆举办文学创作学习班（高振民提供）

1973年1月21日，渔工们把水库管理局工程师李赤研制的冰下捕鱼电动穿索器放进冰窟内

渔工们正在把2200米长30米高的浮拉网从冰面之下拉出

1973年5月，开原某小学课堂（高伟提供）

1973年5月，开原二中田径代表队合影

1973年6月，古城堡公社五家沟大队部分知青在水库边合影

1973年7月，曾家寨公社一农户全家福（张红艳提供）

1973年7月，靠山公社东龙湾知青在杂交高粱地学习育种技术

1973年7月，金沟子公社参加开原县妇女代表大会代表合影

1973年8月，靠山公社农机
厂青年篮球队

1973年7月，安业民生前所
在部队官兵与安妈妈在一起（麦
超南提供）

1973年7月，安业民生前所在部队官兵与少先队员在安业民纪念馆前植树，松树取自东海舰队驻地（着军装者为麦超南，本照片提供者）

1973年7月，柴河水库开原民兵团业余文艺宣传队合影（任泽群提供）

1973年10月，靠山公社广播站编辑王爱光在靠山大队采访

1973年10月，靠山公社肖家大队知青和女社员们
在西山沟劳动休息时合影

1973年10月，靠山公社肖家大队知青们在小河边留影

1973年10月，清河闸建设工地劳动场面

清河闸建设工地一角

1973年10月，靠山学校组织下乡培训班。图为数学老师在教打算盘

铁岭地区创作学习班在开原文化馆前留影（高振民提供）

来自沈阳第三十九中学八年三班的上肥地公社三道沟大队知青

1974年1月，八里桥子大队朝鲜族人家合影（王庆凯提供）

1974年1月，县文化馆开办游戏宫活跃群众文化生活（高振民提供）

1974年5月，八棵树医院医护人员合影（张红艳提供）

1974年5月，曾家屯卫生院医护人员
合影（张红艳提供）

1974年5月，开原县卫生防疫学习班结业合影（尹彤提供）

1974年5月，开原高中五七届部分师生合影（尹彤提供）

1974年7月，开原县人民仅用十个月时间建成的清河闸，县委常委在清河闸前留影

1974年7月，位于八宝公社四社大队的开西灌区总进水闸（赵卫国提供）

1974年清河水库渔业大丰收（高振民提供）

1974年7月，八宝中学毕业生与教师合影（关志刚提供）

1974年7月，东方红小学五年四班毕业师生合影（尉伟提供）

1974年，靠山公社党委研究公社建设规划。图为公社党委书记曾繁志（中），党委常委张守达（左），党委副书记、知青张印通（右）

1974年7月，威远堡公社四家子学校首届初中毕业师生合影（李冬梅提供）

1974年7月，在威远堡公社靠山学校任教的知青与学生合影

1974年9月，开原一中第六届田径运动会运动员留影（韩光提供）

1974年12月，县文化馆美术班师生合影（李冬梅提供）

1974年12月，黄旗寨公社谢家沟大队知识青年向生产队送粪前合影

1974年12月，驻军在马家寨公社帮助贫下中农大搞农田基本建设

1975年1月，出席全县知识青年挑重担经验交流会的黄旗寨公社代表

1975年1月，开原县胶合板厂先进工作者合影

1975年1月，县直机关表彰大会后受表彰单位和个人合影（姜权有提供）

1975年1月，驻开原空军四团立功人员合影

1975年3月，开原县委在靠山公社肖家大队召开知识青年挑重担现场会，与会同志合影

1975年4月，开原县报道组采访小分队队员与随行记者魏若燕（前排左二）合影（秦希香提供）

1975年5月，开原县业余文艺创作学习班师生合影（后排中为杨东风，本照片提供者）

1975年5月，开原县工交系统第二期党员干部学习班合影（赵卫国提供）

1975年5月，知青高晓天（左二）主动从化工机械厂回到黄旗寨公社谢家沟大队，任六队队长

1975年6月，开原县第二期广播员学习班（杨桂芬提供）

1975年7月，开原县委要求各单位各系统建起十大员队伍，图为宣传员正在学习播音

1975年7月，古城堡公社五家沟大队雨后农家院

1975年7月，开原一中农电一班毕业师生合影（荣玉书提供）

1975年7月，靠山中学文艺宣传队（李文刚提供）

1975 年 7 月，莲花公社莲花小学篮球队

1975 年 7 月 8 日，韩君在开
原体育场指挥大合唱

1975年7月8日，为大合唱伴奏的开原一中乐队（韩君提供）

1975年8月，农村中学八棵树赛区曾家屯中学篮球代表队合影（张红艳提供）

1975年8月，业民公社女知青与安妈妈在一起（韩君提供）

1975年9月，中共开原县第八届全体委员合影

1975年9月，站前广场，远处系伪满时期修建的炮楼，修缮后曾为县公安局站前派出所（高振民提供）

1975年快乐童年（尹彤提供）

1975年9月，业民公社民兵训练实弹射击（韩君提供）

开原县民兵指挥部官兵合影（高振民提供）

1975年11月，开原县财贸系统经济学第二期学习班师生合影

1975年12月，松山公社治河工程会战现场

医护人员下乡服务（韩光提供）

1976年2月，清河电厂车队职工合影（荣玉书提供）

1976年3月，开原县优秀知青代表合影，后排左二为高晓天

1976年4月，威远堡公社靠山大队知青梁啸海由学校回到八队，担任生产队指导员。图为他正带领社员大搞农田基本建设

1976年5月，开原五中第三届毕业生与教师合影（石广奇提供）

1976年5月，省地县领导接见在农村挑重担的知青代表。前排左五为省革委会副主任李伯秋，左四为地区革委会主任高廷全，右二为县革委会主任任玉礼，二排左五为威远堡靠山大队知青梁啸海

1976年6月，八宝公社驻和顺大队工作队队员合影（关树德提供）

1976年6月，开原县赤脚医生培训班结业照（张醒提供）

1976年7月，庆云堡公社河西学校教师合影（银波提供）

1976年7月，八宝中学七年二班毕业师生合影（关树德提供）

1976年7月，古城堡公社五家沟小学第十一届毕业生与教师合影（戴国林提供）

1976年7月，开原第二中学七六届二班部分同学毕业留念（张醒提供）

1976年8月，出席开原县
知识青年积极分子代表大会的
黄旗寨公社代表

1976年7月，城郊公社小李台大队下乡知青与贫下中农民兵训练合影
（蔡连生提供）

1976年8月，参加共青团开原县第十三次代表大会的城郊公社代表团合影（蔡连生提供）

1976年10月，开原县领导与群众观看电影《莺歌燕舞》现场

1976年10月，金沟子公社文艺宣传队（徐鹤提供）

1976年10月，威远堡公社塔子沟代表队参加县文艺汇演获优胜奖后合影（任泽群提供）

1976年12月，开原县文化馆表演学习班在开原宾馆举办（韩君提供）

（肆）

第四章
社会主义建设新时期

1977~1980 年

1977年1月，开原县城镇文艺汇演中的朝鲜族腰鼓舞（高振民提供）

1977年1月，铁岭地区体育战线积极分子代表大会开原代表（张军提供）

1977年7月，八宝公社大湾屯小学育红班师生合影（关树德提供）

1977年7月，开原六中九年一班团支部团员合影（蔡连生提供）

1977年7月，老城镇石塔小学七七届毕业师生合影（王作斌提供）

1977年7月，八棵树公社中心小学七年级毕业师生合影（邹庆丽提供）

1977年7月，下肥地中学九年四班毕业师生合影（孟子添提供）

1977年8月，开原县幼儿园毕业班师生合影（关伟提供）

1977年8月，威远堡公社塔子沟
小学女篮队员合影（李冬梅提供）

1977年8月，镇郊公社西沟小学毕业班师生合影（王炳文提供）

1977年8月，县胶合板厂先进集体全体同志合影

1977年9月，沈阳军区
司令员、东北电网领导小组
组长李德生视察清河电厂

1977年9月，县委组织部全体同志合影（宁俊儒提供）

1977年9月，业民公社针织厂生产车间场景（韩君提供）

1977年9月，驻开原坦克某团战士在下土口子坦克驾驶训练场合影

1977年11月，开原县委、县政府欢送出席铁岭地区教师代表大会的开原县代表，二排左十一为县委书记于承德，左十为县长王庆祥，右八为教育局长黄智文（下二排左六为富巍，本照片提供者）

下肥地公社东下肥地大队知青
在田间合影

1977年12月，黄旗寨公社谢家沟六队知青去罗家堡子修梯田

1977年12月，地区精神病院领导下乡检查群防群治工作（徐星提供）

1977年12月，下放到铁岭地区的省精神病院中层干部合影（吴化民提供）

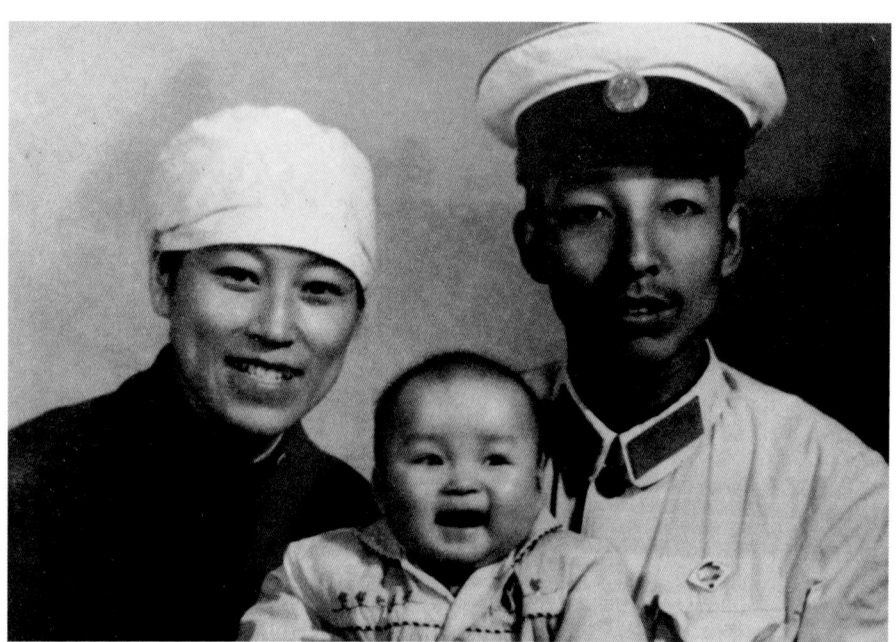

1978年1月，交警于向明一家人（李波提供）

1978年1月，庆云堡公社革命委员会部分成员合影（王海鹰提供）

1978年2月，沈阳军区司令员、东北电网领导小组组长李德生视察清河电厂

1978年3月，驻军坦克部队战士春游人民公园

1978年7月，站前旅社门前苗圃里的文艺青年（喻庆辉提供）

1978年8月，驻开原空军部队自己动手丰衣足食

1978年8月，八宝中学初中一班毕业师生合影（关树德提供）

1978年8月，清河公社大孟学校教师合影（李东旭提供）

1978年9月，参加县八届人代会的黄旗寨公社代表团在讨论工作报告

1978年9月，开原五中八年二班部分同学在清河公社三台子大队合影（荣玉书提供）

1978年10月，庆云堡公社青年干部培训班合影

安妈妈张国英与战士在一起

1978年12月，县妇代会召开期间，安妈妈和妇女代表在一起（左一为富巍，本照片提供者）

1978年10月，全县学习毛主席著作积极分子与县委领导合影（前左二为富巍，本照片提供者）

王树柏（1944—1979），辽宁开原人，公安英烈

齐兴家（1930—　），辽宁开原人。1979年
导演的电影《吉鸿昌》上映，获1980年第三届中
国电影百花奖

辛德惠（1931—1999），辽宁开原人。1979
年承担黄淮海平原区域综合治理国家重点项目攻
关，1995年当选为中国工程院院士

1979年1月，新开化工厂秧歌队表演踩高跷（韩君提供）

1979年1月，木材公司先进生产者及领导同志合影（左平提供）

1979年5月，驻开原空军第七航校四团二十八期学员毕业合影（姜海提供）

1979年6月，开原籍选手韩健在杭州夺得第二届世界羽毛球锦标赛男子单打冠军

1979年7月，松山公社邸屯学校七九届初中毕业班师生合影（王炳文提供）

位于老城的铁岭师范学校教学楼。1982年该校迁至铁岭岭东，旧址交还省精神病院（高尚提供）

1979年7月，铁岭师范学校数学班师生合影

开原前进百货商店

（韩光提供）

1979 年 12 月，驻开原空军南
山警卫班战士在执勤

1979 年 12 月，驻开原空军某团兴办家属工厂家属合影

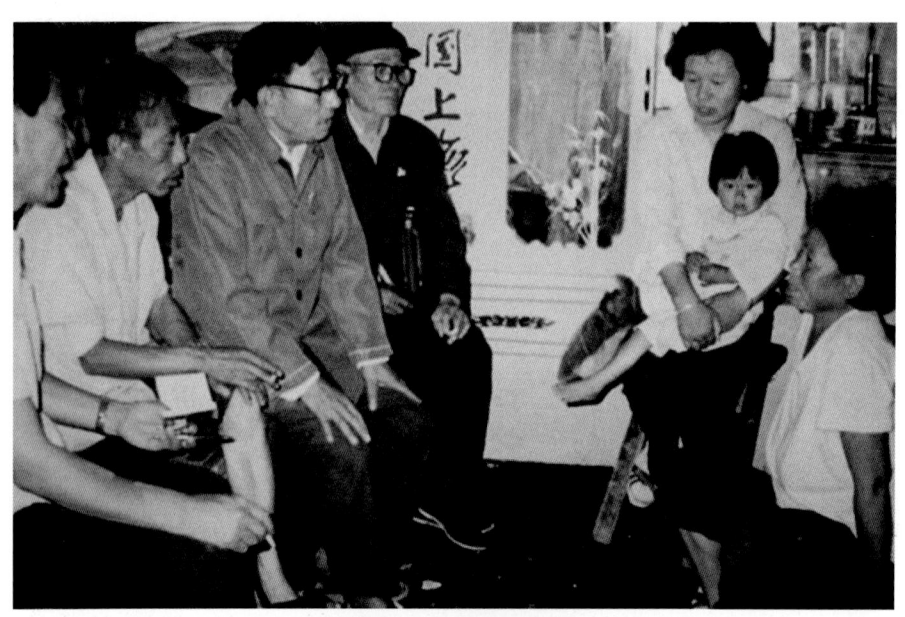

1980年5月，省精神病院房志宝主任和郭英魁医生到患者家中巡诊（高尚提供）

1980 年 5 月，开国将军路遐（左三，即安金库）偕夫人任杰（左一）回业民乡四寨子村省亲。路遐，1909 年生于开原，（安业茂提供）曾任成都军区副参谋长、顾问

1980年5月，开原县纸板厂工人参观雷锋纪念馆（尉衡提供）

1980年5月，开原朝鲜族舞蹈队在铁岭文艺汇演获奖后留影（高振民提供）

1980年5月，下肥地小学运动会上的表演（孟子添提供）

1980年5月，驻开原空军航校某团29期学员毕业合影（姜海提供）

1980年7月，八宝公社大湾屯小学全
体教师合影（关树德提供）

1980年7月，开原八中三年一班毕业师生合影（张柏煜提供）

1980年7月，县文化馆文学创作学习班合影（高振民提供）

1980年8月，人民公园东南角（付勇提供）

1980年9月，董玮和搭档白永祥在演出二人转《风雪带路》

1980年9月，开原高中校领
导班子合影

热闹的实验室（崔晓红提供）

体育场旧影之一

体育场旧影之二

1980年12月，水楼子一带

1980年11月，火车站职工合影